SYLVANUS Mulowayi Wa Kayumba

APPRENDRE LE TSHILUBA AVEC SYLVANUS -I-

SYLVANUS Mulowayi Wa Kayumba

APPRENDRE LE TSHILUBA AVEC SYLVANUS -I-

Tshiluba Parlé & Ecrit

Éditions Croix du Salut

Publisher:
Éditions Croix du Salut
is a trademark of
Dodo Books Indian Ocean Ltd., member of the OmniScriptum S.R.L Publishing group
str. A.Russo 15, of. 61, Chisinau-2068, Republic of Moldova Europe
Printed at: see last page
ISBN: 978-620-3-84286-9

TSHILUBA

AVEC SYLVANUS MW

1

TSHILUBA

AVEC SYLVANUS MW

1

INTRODUCTION

Le TSHILUBA est une des quatre langues véhiculaires de la République Démocratique du Congo dont la structure grammaticale est un peu différente des trois autres, à a savoir le Lingala, le Swahili et le Kikongo.

C'est une langue qui s'apprend plus pratiquement que théoriquement. Cependant, je ferais de tout mon mieux pour faciliter la tâche à tous ceux qui manifesteront la soif d'apprendre cette langue qui a une richesse profonde en parole et en illustration.

Je suis un sujet congolais et d'origine kasaïenne de père et de mère, mais je n'ai jamais été dans mon village d'origine.

J'ai passé toute mon enfance dans la petite ville minière de Kolwezi dans la province du Katanga et c'est en famille que j'ai appris cette langue que j'aimerais bien partager avec tant d'autres.

On parle en parlant et on écrit mieux en écrivant.

J'ai la plume facile et la grâce de communiquer facilement et simplement les choses de fois difficiles, raides et même ankylosées dans un style de la méthode rénovée où l'apprenti devient un véritable condisciple à son formateur.

J'étais un jour comme vous et vous serez un jour comme moi.

L'Auteur

SALUTATION

MOYI

Bonjour
Moyi
Bonjour comment ça va ?
Eh Moyi, malu kayi?
Je vais bien, merci. Et toi ?
Ndi bimpa, twasakidila. Kadi wewa ?
Je vais aussi bien.
Ndi bimpa banyi.
Je vais très bien.
Ndi bimpa bee.
Je vais un peu bien.
Ndi bimpa kakesa.
Bon après-midi/ Bonsoir...
Moyi
Bien venu
Betwabwe
Comment as-tu dormi ?
Uvwa mulala bishi ?
J'ai bien dormi bien.

Nvua mulala bimpa.
Comment avez-vous dormi ?
Nuvwa balala bishi ?
Nous avons bien dormi.
Tuvwa balala bimpa.
Que Dieu te bénisse !
Nzambi akubenesha !
Que Dieu vous bénisse !
Nzambi anubenesha
Amen.
Amina.
Nous nous reverrons
Ni tumonangana
A demain
Malaba
Merci
Twasakidila
Merci beaucoup
Twasakidila wabunyi
Comment à la maison ?
Munyi ku nzumbu ?
Comment au travail ?
Munyi ku mudimu ?
Comment dans le pays ?
Munyi mu muditunga ?

Nous sommes bien	
Tudi bimpa	
Nous sommes un peu bien	
Tudi bimpa kakesa	
Restez dans la paix du Seigneur	
Nushala mu ditalala dia Mukalenga	
Le Seigneur des seigneurs	
Mukalenga wa bakalenga	
Bonjour papa	
Betwabwe tatu	
Bonjour maman	
Betwabwe mamu	
Comment ça va ?	
Malu kayi ?	
Ça va bien	
Malu bimpa	
Ça va un peu	
Malu bimpa kakesa	
Nous allons bien	
Tudi bimpa	
Nous allons un peu bien	
Tudi bimpa kakesa	
As-tu bien dormi ?	
Uvua mulala bimpa ?	
Avez-vous bien dormi ?	
Nuvua balala bimpa ?	

Oui…	
Eyowa	
Non…	
Too…	
Je ne sais pas	
Tshena mumanya too	
Tshimumanya too (forme raccourcie)	
Je ne connais pas cette affaire	
Tshena mumanya bwalu abu too	
Tshimumanya bwalu abu too	
C'est un secret	
Nsi bwalu busokoka	
Ce n'est pas ton problème	
Nki bwalu bweba too	
C'est son problème	
Nsi bwalu bwenda	
C'est son problème, lui seul	
Nsi bwalu bwenda, yeya kayenda	
N'entre pas dans ce problème	
Kubwedji mu bwalua abu too	
N'y entre pas	
Kubwedji momo too	
Ce probleme-ci	
Bwalu ebu	
Ce probleme-là	
Bwalu abu	

VERBE ETRE EN TSHILUBA

KWIKALA

ETRE	KWIKALA
Je suis	**Ndi**
Tu es	**Udi**
Il est	**Udi** ↗
Elle est	**Udi** ↗
Nous sommes	**Tudi**
Vous êtes	**Nudi**
Ils sont	**Badi**
Elles sont	**Badi**

Elle est malade	
Udi usama/ Udi ni disama	
Tu es mon ami	
Udi mulunda yanyi	
Je suis dans la maison	
Ndi mu nzumbu	

FORME NEGATIVE DU PRESENT

ETRE	KWIKALA
Je ne suis pas	**Tshena…too**
Tu n'es pas	**Kwena…too**
Il n'est pas	**Kena..too**
Elle n'est pas	**Kena…too**
Nous ne sommes pas	**Katwena…too**
Vous n'êtes pas	**Kanwena…too**
Ils ne sont pas	**Kabena…too**
Elles ne sont pas	**Kabena…too**

Comme je vous l'avais annoncé dans l'introduction, le Tshiluba a une grammaire pleine de formes irrégulières.

La négation en Tshiluba du verbe « être » a une forme très particulière comme susmentionnée.

Je ne suis pas malade
Tshena sama too. / Tshena ni disama too
Elle n'est pas dans la cuisine

Kena mu tshikuku too
Elle n'est pas mon amie
Kene mulunda wanyi too
Nous sommes dans le salon
Tudi mu nzumbu wa kusombela
Nous ne sommes pas dans la salle à manger
Katwena mu nzumbu ya kudila too
Où es-tu ?
Udi mwaba kayi ?
Je suis dans la chambre à coucher
Ndi mu nzumbu wa kulala
Que fais-tu ?
Udi wenza tshini ?
Udi wenza tshini ?
Je suis en train de dormir
Ndi lala
Je ne suis pas en train de travailler
Tshena enza mudimu too
Tu n'es pas en train de travailler
Kwena wenza mudimu too
Il n'est pas en train de travailler
Kena wenza mudimu too
Nous ne sommes pas en train de travailler

Katwena twenza mudimu too
Comment tu fais ton travail ?
Utu wenza mudimu weba mushindu kayi?
Tu fais ton travail avec qui?
Utu wenza mudimuweba ni nganyi ?
Tu fais ton travail à quelle heure ?
Utu wenza mudimu weba diba kayi?
Tu ne fais pas ton travail très bien
Kwana wenza mudimu weba bimpa
Fais bien ton travail
Enza mudimu weba bimpa
Va faire ton travail
Ndaku kwenza mudimu weba
Ne va pas seul
Kuyi wewa kayeba too
Va avec Dekaba
Ndaku ni Dekaba
Fais le travail doucement
Enza mudimu ni lutulu
Nous somes en train de faire le travail
Tudi twenza mudimu
Il y a beaucoup de travail
Tudi ni mudimu wa bunyi

PRESENT CONTINU

FORME AFFIRMATIVE

DORMIR	KU LALA
Je suis en train de dormir	**Ndi lala**
Tu es en train de dormir	**Udi ulala**
Il est en train de dormir	**Udi ulala**
Elle est en train de dormir	**Udi ulala**
Nous sommes en train de dormir	**Tudi tulala**
Vous êtes en train de dormir	**Nudi nulala**
Ils sont en train de dormir	**Badi balala**
Elles sont en train de dormir	**Badi balala**

Je suis en train de dormir maintenant
Ndi lala pindjewu
Elle est en train de dormir avec l'enfant
Udi ulal ni mwana
Le chien est en train de dormir dans le jardin
Bwa udi ulala mu budimi
Nous sommes en train de dormir maintenant
Tudi tulala pindjewu
Vous êtes en train de dormir au deuil
Nudi nulala kumadilu

FORME NEGATIVE

KU LALA
Tshena lala too
Kwena ulala too
Kena ulala too
Katwena tulala too
Kanwena nulala too
Kabena balala too
KUDIA (MANGER)
Tshena dia too
Kwena udia too
Kena udia too
Katwena tudia too
Kanwena nudia too
Kabena badia too
Je ne suis en train de dormir maintenant
Tshena lala pindiewu too
Je suis en train de travailler avec mon ami
Ndi enza mudimu ni mulunda wanyi
Nous ne somes pas en train de te parler
Katwena twakula neba too

TRADUIRE

Je ne suis pas en train de manger
....
Elle n'est pas en train de piler le manioc
....
Elle est en train de piler le maïs
....
Nous ne sommes pas en train de fermer la porte
....
Nous sommes en train de fermer la fenêtre
....
Ils sont en train de parler au téléphone
....
Où est la grand-mère de Dekaba ?
....
Où sont les enfants du voisin ?
....
Je ne sais pas
....
Ils sont en train de jouer derrière la maison
....

QUELQUES NOMS DE FAMILLE

Père	**Tatu**
Mère	**Mamu**
Frère	**Tutu**
Sœur	**Yaya**
Grand-frère	**Tutu**
Grande-sœur	**Yaya**
Petit-frère	**Mwakunya wa baluma**
Petite-sœur	**Mwakunya wa bakaji**
Fils	**Mwana wabaluma**
Fille	**Mwana wabakaji**
Oncle	**Tatu muteketa**
Tante	**Mamu muteketa**
Oncle maternel	**Mamu muluma**
Tante paternel	**Tatu mukaji**
Enfant	**Mwana**
Neveu	**Mwana wa baluma wa**
Nièce	**Mwana w a bakaji wa**
Cousin	**Mwana wetu wa baluma**
Cousine	**Mwana wetu wa bakaji**
Grand-père	**Kaku muluma**
Grand-mère	**Kaku mukaji**

Parrain	**Tatu mu malu a Nzambi**
Marraine	**Mamu mu malu a Nzambi**
Petit-fils	**Kaku wa baluma**
Ami	**Mulunda wa baluma**
Amie	**Mulunda wa bakaji**
Mon ami	**Mulunda wanyi wa baluma**
Mon amie	**Mulunda wanyi wa bakaji**
Mon ami bien-aimé	**Mulunda wanyi wa moyi**
Garçon	**Mwana wa baluma**
Fille	**Mwana wa bakaji**
Poule	**Nzolo wa bakaji**
Coq	**Nzolu wa tshitala**
Chien	**Mbwa**
Chat	**Mpusu**
Moustique	**Kamwa**
Mouche	**Njinji**
Insecte	**Tshishi**
Fleur	**Tsilongu**
Maison	**Nzumbu**
Salon	**Nzumbu wa kusombela**
Chambre à coucher	**Nzumbu wa kulala**
Salle de bain	**Nzumbu wa kowela**

Toilette	**Nkumba**
Douche	**Tshowedi**
Salle à manger	**Nzumbu wa kudila**
Cuisine	**Tshikuku**
Jardin	**Budimi**
Voiture	**Mashini**
Garage	**Nzumbu ya mashini**
Route	**Njila**
Derrière	**Kunyima, kunfundu**
Devant	**Kumpala**
Jouer	**Kunaya**
Je ne sais pas	**Tshena mumanya too**
Savoir	**Kumanya**
Quel est ton nom ?	**Dina dieba nganyi ?**
Mon nom est Dekaba	**Dina dianyi Dekaba**
Et toi ?	**Kadi wewa ?**
Je suis Demulo	**Ndi Demulo**
Ma sœur est là	**Yaya wanyi udi kwaka**
Son nom est Debby	**Dienda dina Debby**
Et l'autre ?	**Kadi mukwabu ?**
L'autre c'est Lusha	**Mwakwabu nsi Lusha**
Salut Lusha	**Betwabwe Lusha**
Salut	**Betu**

Etre	**Kwikila**
Je suis	**Ndi**
Je ne suis pas	**Kwena…too**
Tu es	**Udi**
Tu n'es pas	**Kwena…too**
Il n'est pas	**Kena…too**
Elle est	**Udi**
Elle n'est pas	**Kena…too**
C'est	**Nsi**
Ce n'est pas	**Nki…too**
C'est moi	**Nsi mema**
Ce n'est pas toi	**Nki wewa too**
Voisin	**Mwena mutumba**
Sois le bienvenu	**Betwabwe**
Soyez les bienvenus	**Betwabwe**

Où est papa ?
Tatu udi mwaba kayi ?
Il est dans le jardin
Udi mu budimi
Où est le chien?
Mbwa udi mwaba kayi ?
Il est dans le jardin
Udi mu budimi
Où sont les enfants ?

Bana badi mwaba kayi ?
Bana badi kwepi ?
Ils sont dans le salon
Badi mu nzumbu wa kusombela
Que font-ils ?
Badi benza tshini ?
Ils sont en train de regarder la télé.
Badi batangila television
Quand dors-tu ?
Utu ulala diba kayi ?
Je dors à 21 heures
Ntu lala mu diba dia tshitema dia dilolo
Quand vas-tu à l'école ?
Utu uya ku kalasa diba kayi ?
Je vais à l'école à 6 heures
Ntu ya ku kalasa mu diba disambombo dia mudinda
Comment vas-tu à l'école ?
Mushindu kayi utu uya ku kalasa?
Je vais à l'école à pieds
Ntu ya ku kalasa lwa makasa
Avec qui vas-tu à l'école ?
Utu uya ku kalasa ni nganyi ?
Je vais à l'école avec mes amis
Ntu ya ku kalasa ni balunda banyi
De fois, je vais seul

Misangu mikwabu, ntu ya mema kayanyi	
Pourquoi tu vas au marché ?	
Bwa tshini utu uya mu tshisalu ?	
Je vais au marché parce que je dois acheter les aliments	
Ntu ya mu tshisalu bwalu ndi ni bwa kusumba biakudia	
De qui est-il en train de parlermaintenant ?	
Udi wakula bwa nganyi bindjewu ?	
Viens	**Luwaku**
Venons	**Tuluwa**
Venez	**Nuluwa**
Viens maintenant	**Luwaku pindjiewu**
Viens demain	**Luwaku malaba**
Venons ensemble	**Tuluwa tetu bonso**
Ne viens pas	**Ku lu too**
Ne venons pas	**Katu lu too**
Ne venez pas	**Kanu lu too**
Papa est en train de venir	
Tatu udi ulwa	
Maman est en train de préparer	
Mamu udi ulamba	
Elle est en train de préparer quoi ?	
Udi ulamba tshini ?	
Elle est en train de préparer du foufou	
Udi ulamba bidia	

Venir	**Ku luwa**
Aller	**Ku ya**
Appeler	**Ku bukila**
Demander	**Ku lomba**
S'habiller	**Ku fwala**
Etudier	**Ku longa**
Penser	**Kwela menji**
Devoir	**Kwila ni bwa**
Pouvoir	
Kwila ni bukokeshi bwa	
Donne-moi	**Mpesha**
Ne me donne pas	**Nku mpeshi too**
Donne-moi de l'eau	**Mpesha mayi**
Rêver	**Kulota**
Ne me donne pas du savon	
Nku mpeshi sabanga too	
Ne viens pas seul	
Nkulu wewa kayeba	
Viens avec tous les enfants	
Lwaku ni bana bonso	
Je veux voir tes enfants	
Ndi ni diswa dia kumuna bana beba	
Tu as combien d'enfants ?	
Udi ni bana bunyi kayi ?	
J'ai 5enfants	
Ndi ni bana batanu	

TRADUIRE

Elle est en train de venir à la banque

....

Le chien est en train de jouer

....

Je suis en train de préparer à manger

....

Vous êtes en train de regarder la télévision

....

Les enfants sont en train de jouer

....

Ne viens pas me voir

....

Je ne suis pas avec les amis

....

Elle n'est pas ton ami

....

Donne-moi ton adresse

....

Tu restes où ?

....

Je reste en France

....

Je en reste pas en Afrique du Sud

....

LE VERBE AVOIR

AVOIR	KWIKALA NI
J'ai	**Ndi ni**
Tu as	**Udi ni**
Il a	**Udi ni**
Elle a	**Udi ni**
Nous avons	**Tudi ni**
Vous avez	**Nudi ni**
Ils ont	**Badi ni**
Elles ont	**Badi ni**
J'ai beaucoup d'amis	**Ndi ni balunda babunyi**
J'ai une nouvelle maison au Canada	
Nndi ni nzumu mupwa-mupwa mu Kanada	

NEGATION

AVOIR	KWIKALA NI
Je n'ai pas	**Tshena ni...too**
Tu n'as pas	**Kwena ni...too**
Il n'a pas	**Kena ni...too**
Elle n'a pas	**Kena ni...too**
Nous n'avons pas	**Katwena ni...too**
Vous n'avez pas	**Kanwena ni...too**

Ils n'ont pas	**Kabena ni...too**
Elles n'ont pas	**Kabena ni...too**
Tu n'as pas	**Kwena ni...too**
Je n'ai pas beaucoup de temps aujourd'hui	
Tshiena ni diba dia bunyi lelu too	
Nous n'avons pas d'eau dans la maison	
Katwena ni mayi too mu nzumbu	
Elle n'a pas beaucoup d'amies à l'école	
Kena ni balunda babunyi kukalasa too	

QUE FAIS-TU ? / UDI WENZA TSHINI ?

Je suis en train de manger	
Ndi dia	
Je ne mange pas du pain	
Tshena dia diampa too	
Je veux manger de la viande	
Ndi ni diswa dia kudia musunyi	
Je ne veux pas manger du haricot	
Tshena ni diswa dia kudia kunda too	
Elle peut vous appeler	
Udi ni bukokeshi bwa kukubikila	
Elle doit venir maintenant	
Udi ni bwa kulwa pindjiewu	
Nous devons vous aider	
Tudi ni bwa kunu kwatisha	

Je dois vous appeler
Ndi ni bwa kunu bikila
Nous devons faire le travail
Tudi ni bwa kwenza mudimu
Elle doit voir le médecin
Udi ni bwa kumona munganga
Je ne dois pas te suivre
Tshena ni bwa kukulonda too
Elle doit venir avecles enfants du voisin
Udi ni bwa kulua ni bana ba mwena mutumba

LES PRONOMS PERSONNELS

Je, te, moi	**Mema**
Tu, te, toi	**Wewa**
Il, le, lui, elle, la	**Yeya**
Nous	**Tetu**
Vous	**Nenu**
Ils, elles, eux…	**Bobo**
Toi, tu as beaucoup de problèmes	
Wewa, udi ni malu abunyi	

LES PRONOMS PERSONNELS

Mon, ma, mes	**Wanyi**
Ton, ta, tes	**Weba**
Son, sa, ses	**Wenda**
Notre, nos	**Wetu**

Votre, vos	**Wenu**
Leur, leurs	**Wabu**
Donne-moi ma chemise	
Mpesha sumishi wanyi.	
Où est ton père ?	
Tatu weba udi mwaba kayi ?	
Il est au travail.	
Udi mu mudimu.	
Il n'est pas à la maison	
Kena ku nzumbu too	

QUELQUES ALIMENTS

Foufou	**Bidia**
Lait	**Mabela**
Eau	**Mayi**
Huile	**Manyi**
Thé	**Tshayi**
Café	**Kafe**
Fleur	**Tshilongo**
Maïs	**Ditala**
Banane	**Tshibota**
Mangue	**Dingeya**
Bouillie	**Musabu**
Feuilles de patates	**Tshilombo-lombo**
Oseille	**Mulembwa**
Manioc	**Tshomba**

Papaye	**Tshipapayi**
Patate	**Tshilunga**
Feuilles de patate	**Tshilunga-lunga**
Amarande	**Tshiteku-teku**
Viande	**Musunyi**
Viande de chèvre	**Musunyi wa mbuji**
Viande de boeuf	**Musunyi wa ngomba**
Viande de poule	**Musunyi wa nzolu**
Viande de canard	**Musunyi wa dibata**
Viande de porc	**Musunyi wa nguluba**
Citronnelle	**Masela**
Médicament	**Bwanga**
Bière	**Mala**

| Je suis en train de manger du riz |
| **Ndi dia loso** |
| Maman est en train de piler les feuilles de manioc |
| **Mamu udi ututa kaleji** |
| Aujourd'hui je suis en train de manger de la bouillie |
| **Lelu ndi dia musabu** |
| Apprête la table pour ton grand-frère |
| **Longolola mesa bwa tutu weba** |
| Je veux manger maintenant |
| **Ndi ni diswa dia kudia bindjiewu** |
| Nous voulons aller dormir |
| **Tudi ni diswa dia kuya kulala** |
| Elle est en train de mange des fruits |

Udi udia bimuma
Elle aime beaucoup les fruits
Munanga bee bimuma
Je n'aime pas le piment
Ntshi munanga ndungu too
Nous n'aimons pas du piment
Katutu bananga ndungu too
Mets pour moi un peu de sel
Ngelela mukela mukesa
Donne-moi un peu de sucre
Mpesha sikila mukesa
Où est le coûteau ?
Kela kadi mwaba kayi ?
Donne-moi la cuillière
Mpesha lutu
Mets la fourchette dans la cuisine
Teka sona mu tshikuku
Mets beaucoup d'eau dans la casserole
Ela mayi abunyi mulwesu
Il y a de la chaleur dans la cuisine
Kudi luwa mu tshikuku
Il y a beaucoup de chaleur, ouvrez la porte
Kudi luya luwa bunyi, nufungula tshibi
Le lait est fini
Mabela majika
Il n'y a pas d'huile dans les feuilles de manioc

Kakwena manyi mu kaleji too
J'aime beaucoup les aubergines
Ntu munanga bee njilu
Nous avons beaucoup de maïs dans le jardin
Tudi ni matala abunyi mu budimi
Ceuilles pour moi des mangues
Umpolela mangeya
Mets un peu d'eau dans le riz
Ela mayi makesa mu loso
Mets beaucoup de charbons dans le brasier
Ela makala abunyi mu babula

QUELQUES QUESTIONS

Quel est ton nom ?
Dina dieba nganyi ?
Mon nom est Dekaba
Dina dianyi Dekaba
Bonjour Dekaba
Moyi Dekaba
Bonjour
E moyi
Comment ça va ?
Malu kayi ?
Je vais bien merci
Ndi bimpa, twasakidila
D'où viens-tu ?

Umukila kwepi ?
De la maison
Ku mbelu
Tu vas où ?
Udi wuya mwaba kayti ?
Je vais à l'église
Ndi ya ku nzumbu wa Nzambi
Merci
Twasakidila
Au revoir
Nitu monangana

TRADUIRE

Que fais-tu ?
……………………………………………………………………………..
Je suis en train de travailler
……………………………………………………………………………..
Je suis en train de faire mon travail
……………………………………………………………………………..
Quelle heure est-il ?
……………………………………………………………………………..
Il est 7 heures
……………………………………………………………………………..
Je veux manger du poisson aujourd'hui
……………………………………………………………………………..
Elle doit bien préparer aujourd'hui

....
Mets pour moi du savon dans la salle de bain
....
Prends du sel dans la cuisine pour maman
....
Ne prends pas ça. C'est pour moi.
Kwangatshi ayi too. Nsi yanyi.
C'est bon
Nsi bimpa
Ce n'est pas pour toi
Nki ye ba too

COMPTONS/ TUBALAYI

1. Umwa	2. Ibidi
3. Isatu	4. Inayi
5. Itanu	6. Isambombo
7. Mwanda muteketa	8. Mwanda mukulu
9. Tshitema	10. Dikumi
11. Dikumi ni umwa	12. Dikumi ni ibididi
13. Dikumi ni isatu	14. Dikumi ni inayi
15. Dikumi ni itanu	16. Dikumi ni isambombo
17. Dikumi ni mwanda muteketa	
18. Dikumi ni mwanda mukulu	
19. Dikumi ni tshitema	20. Makumi abidi
21. Makumi abidi ni umwa	30. Makumi asatu
40. Makumi a nayi	50. Makumi atanu

60. Makumi asambombo
70. Makumi mwanda muteketa
80. Makumi mwandamukulu
90. Makumi tshitema
100. Lukama lumwa
200. Kama ibidi
800. Kama mwanda muteketa
900. Kama tshitema
1000. Tshinunu tshimwa
Vous êtes combien chez vous ?
Nudi bunyi kayi mu nzumbu wenu?
Nous sommes 8
Tudi mwandamukulu
4 garçons et 4 filles
Bana babaluma banayi ni bana babakaji banayi
Il y a 2 personnes dans la voiture de papa
Kudi bantu babidi mu mashini a tatu
Il y a beaucoup d'enfants dans la rue
Kudi bana babunyi mujila
Ils sont en train de jouer à la balle.
Badi banaya ndundu.
Donne-moi 100 $
Mpesha dollar lumaka lumwa
Va dormir maintenant
Ndaku ukalala pindjewu
On se verra demain
Ni tumonangana malaba

NOMBRES ORDINAUX

1° Wa kumpala	2° Mwibidi
3° Mwisatu	4° Mwinayi
5° Mwitanu	6° Mwisambombo
7° Wa mwanda muteketa	
8° Wa mwanda mukulu	
9° Wa tshitema	10° Wa dikumi
Avant tout, je suis en train d'aller au travail	
Kumpala kwa bionso, ndi ya ku mudimu	
Après , je vais aller à la prière	
Bashisha, niya ku disambila	
Après tout, je rentre à la maison	
Ku nyima kwa bionso, ndi bingana ku nzumbu	
Premièrement, appele-moi	
Tsha kumpala, ubikila	
Deuxièment, envoiemoi un peu d'argent	
Tshibidi, untumina makuta makesa	
Troisièmement, viens me voir avec les enfants	
Tshisatu, ulwa kumona na bana	

LES JOURS DE LA SEMAINE

MATUKU A LUBINGU

01	**Mu dimwa**
02	**Mu dimidi**
03	**Mu disatu**
04	**Mu dinayi**
05	**Mu ditanu**
06	**Mu disambombo**
07	**Mu dialubingu**
Aujourd'hui, c'est le mercredi	
Lelu, tudi mudisatu	
Hier, c'était mardi	
Malamba mushala, tuvua mudibidi	
Demain, ça sera le jeudi	
Malaba, nituwikala mudinayi	
Aujourd'hui, je suis fatigué	
Lelu, ndi mupungila	
Aujourd'hui, je n'ai pas beaucoup de force	
Lelu, tshena ni bukola bwa bunyi	
J'ai mal à la tête	
Ndi ni mutu wunsama	
J'ai beaucoup de travail aujourd'hui	
Ndi ni midimu yabunyi lelu	
Aide-moi a faire tout ça	
Ukwatisha bwa kuenza bintu bionso abi	

LES MOIS/ NGONDU

01	Ngondu wa kumpala
02	Ngondu mwibidi
03	Ngondu mwisatu
04	Ngondu mwinayi
05	Ngondu mwitanu
06	Ngondu mwisambombo
07	Ngondu wa mwanda muteketa
08	Ngondu wa mwanda mukulu
09	Ngondu wa tshitema
10	Ngondu wa dikumi
11	Ngondu wa dikumu ni umwa
12	Ngondu wa dikumi ni ibidi

Quel jour es-tu né ?
Udi muledibwa dituku kayi ?
Je suis né le 02/10/1963
Ndi muledibwa mu dituku dibidi dia ngondu wa dilumi mu tshidimu tshinunu tshimwa, kama tshitema ni makumi asambombo ni isatu
Udi muledibwa dituku kayi ? (Répondre en Tshiluba directement)
....
....
....
A quelle heure vas-tu domir ?
Utu uya kulala diba kayi ?

A quelle heure pries-tu ?	**Utu olomba Nzambi diba kayi ?**
Vers 5 heures du matin	**Mu ma diba ditanu dia mudinda**
A quelle heure vas-tu au travail ?	**Utu uya ku mudimi diba kayi ?**
Vers 7 heures	**Mu ma diba dia mwandamuteketa wa mudinda**
A quelle heure manges-tu ?	**Utu udia diba kayi ?**
Je mange vers 17 heures	**Ntu dia mu ma diba ditanu dia dilolo**
Je ne sais pas	**Tshi mumanya too**
J'ai oublié	**Ndi upwa moyi**
Attends-moi ici.	**Ungindila apa**
J'arrive	**Ndi fika**
J'arrive dans une demi-heure	**Ndi fiki mu tshitupa tsha diba**
Fais vite	**Enza lukasa**
Je n'aime pas rater le train	**Tshitu muswakubangila nazuwa too**

PRESENT CONTINU

MANGER	KUDIA
Je suis en train de manger	Ndi dia
Tu es en train de manger	Udi udia
Il est en train de manger	Udi udia
Nous sommes en train de manger	Tudi tudia
Vous êtes en train de manger	Nudi nudia
Ils sont en train de manger	Badi badia
Je suis en train de manger du pain maintenant	
Ndi dia diamba bindjewu	
Elle est en train de me regarder	
Udi utangila	

PRESENT SIMPLE

MANGER	KUDIA
Je mange	Ntu dia
Tu manges	Utu udia
Il mange	Utu udia
Nous mangeons	Tutu tudia
Vous mangez	Nutu nudia
Ils mangent	Batu badia
Je mange du pain chaque jour	
Ntu dia diampa matuku onso	
Ils mangent beaucoup de feuilles de manioc	
Batu badia kaleji kabunyi	

PRESENT CONTINU

DORMIR	KU LALA
Je suis en train de dormir	**Ndi lala**
Tu es en train de dormir	**Udi ulala**
Il est en train de dormir	**Udi ulala**
Nous sommes en train de dormir	**Tudi tulala**
Vous êtes en train de dormir	**Nudi nulala**
Ils sont en train de dormir	**Badi balala**
Nous sommes en train de dormir maintenant	
Tudi tu lala pindjewu	

LE PRESENT SIMPLE

DORMIR	KULALA
Je dors	**Ntu lala**
Tu dors	**Utu ulala**
Il dort	**Utu ulala**
Nous dormons	**Tutu tulala**
Vous dormez	**Nutu nulala**
Ils dorment	**Batu balala**
Nous dormons chaque vendredi à l'église	
Tutu tulala muditano dionso mu nzumbu wa Nzambi	
Elle est en train de dormir avec l'enfant	
Udi ulala ni mwana	

Tous les jours, je dors à 21 heures
Matu onso, ntu lala mu diba dia tshitema dia dilolo
Maintenant, je suis en train de dormir
Pindjewu, ndi lala
Nous mangeons du poisson tous les jours
Tutu tudi mishipa matuku onso
Nous sommes en train de manger de la viande maintenant
Tudi tudia musunyi pindjewu

Le verbe être en Tshiluba a deux formes.

La forme temporaire et la forme habituelle.

TEMPORAIRE	HABITUTELLE
Ndi	**Ntu**
Udi	**Utu**
Udi	**Utu**
Tudi	**Tutu**
Nudi	**Nutu**
Badi	**Batu**
Je suis content	
Ndi ni dusanka	
Je suis congolais	
Ntu mwena Kongo	

| Je suis en voyage |
| **Ndi mu lwendu** |
| Je suis un homme |
| **Ntu muntu muluma** |

TRADUIRE

| Ma mère est malade aujourd'hui |
| .... |
| Nous sommes des congolais |
| .... |
| Elle est en train de piler le manioc |
| .... |
| Nous allons à l'école tous les jours à pieds |
| .... |
| Dis-moi la vérité |
| .... |
| Dépose le livre sur la table |
| .... |
| Je n'aime pas le bruit |
| .... |
| Il est temps de dormir |
| .... |
| Allons au travail |

....

Quand vas-tu dormir ?

....

Ouvre la porte de devant

Parle à basse voix

....

MOTS NOUVEAUX

Malade	**Ni disama**
Maladie	**Disama**
Piler	**Kututa**
A pieds	**Lwa makasa**
Vérité	**Bulelela**
Parler	**Kwamba**
Déposer	**Kuteka**
Mettre	**Kwela**
Aimer	**Kunanga**
Aller	**Kuya**
Aller dormir	**Kuya kulala**
Aller manger	**Kuya kudia**
Foufou	**Bidia**
Ouvrir	**Kuvungula**

Fermer	**Kukanga**
Donner	**Kupesha**
A haute voix	**Bikola**
A basse voix	**Biteketa**
Vite	**Lukasa-lukasa**
Lentement	**Biteketa-biteketa**
Fort	**Ni bukola**
Force	**Bukola**
Intelligent	**Ni menji**
Intelligence	**Menji**
Beaucoup	**Ya bunyi**
Merci	**Twasakidila**
Merci beaucoup	**Twasakidila wabunyi**
Pitié	**Lusa**
Aie pitié de moi	**Mfwila lusa**
Dikopo	**Gobelet**
Lilongu	**Assiette**
Problème	**Bwalu**
Les problèmes	**Malu**
Jour	**Dituku**
Les jours	**Matuku**
Soulier	**Tshilatu**
Les souliers	**Bilatu**

Pantalon	**Mupanu**
Les pantalons	**Mipanu**
La voiture	**Mashini**
Les voiture	**Mamashini**
Noir	**Mufika**
Blanc	**Mutoka**
Bleu	**Wabule**
Rouge	**Mukunza**
Vert	**Wa mayi a kaleji**
Grand	**Munena**
Petit	**Mukesa**
Sur	**Pa**
En-dessous	**Mwinshi mwa**
Au-dessus	**Pa mutu pa**
Avec	**Ni**
De	**Wa**
Sans	**Kayi ni**
Pour	**Bwa**
Parce que	**Bwa, bwalu**
Comme	**Nudi**
Mais	**Kadi**
Après	**Pashisha**
Avant	**Kumpala kwa**

Derrière	**Kunfunbdu**
Devant	**Kumbala**
Les cheveux	**Nsuki**
Les yeux	**Mesu**
L'œil	**Disu**
L'oreille	**Ditshi**
Les oreilles	**Matshi**
Le nez	**Djilu**
La bouche	**Mukana**
La langue	**Ludimi**
Le cou	**Shingu**
Les épaules	**Makaya**
La poitrine	**Tshadi**
La ceinture	**Mukaba, tshimonu**
Les fesses	**Mataku**
Les cuisses	**Bibelu**
La cuisse	**Shibelu**
La jambe	**Dikolo**
Les jambo	**Makolo**
Le pied	**Dikasa**
Les peids	**Makasa**
Courrir	**Kunyema**
Marcher	**Kuenda**

Marche	**Luendu**
Marché	**Tshisalu**
Il pleut	
Vula udi uloka	
Il fait froid aujurd'hui	
Lelu kudi mashika abunyi	
Prends ta veste	
Angata nkotshi weba	
Donne-moi mon argent	
Mpesha makuta anyi	
Je n'aime pas les probèmes	
Tshi munanga bilumbu too	
J'aime la paix	
Ntu munanga ditalala	

NEGATION

Ndi dia bidia ni kaleji
Tshena dia bidia ni kaleji **too**
Udi uya ku kalasa
Kwena uya ku kalasa **too**
Ntu dia kaleji kabunyi
Tshintu dia kaleji kabunyi **too**
Tutu tuya ku kalasa lwa makasa
Katutu tuya kukalasa lwa makasa **too**

CONSOLIDATION SUR LA NEGATION

PRESENT CONTINU

AFFIRMATION	NEGATION
Ndi dia	**Tshena** dia **too**
Udi udia	**Kwena** udia **too**
Udi udia	**Kena** udia **too**
Tudi tudia	**Katwena** tudia **too**
Nudi nudia	**Kanwena** nudia **too**
Badi badia	**Kabena** badia **too**

PRESENT SIMPLE

AFFIRMATION	NEGATION
Ntudia	**Tshintu** dia **too**
Utu udia	**Kutu** udia **too**
Utu udia	**Katu** udia **too**
Tutu tudia	**Katutu** tudia **too**
Nutu nudia	**Kanutu** nudia **too**
Batu badia	**Kabatu** badia **too**

METTRE A LA FORME NEGATIVE

Ntu lala mu Dilolo
....
Batu baya ku kalasa lwamakasa
....
Ndi kwela moyi

....

Tudi kulomba Nzambi pindjewu

....

Nudi nuenza mutoyi

....

Utu ubikila butuku

....

Nudi nunwa mayi matalala

....

Batu batwa kaleji mu dinda

....

Batu batwa ndundu mudilolo

....

Ndi ngela dwanda ku katshini

....

Udi udia bidia ni mulembwa

....

Badi banaya ni bana kunyima kwa nzumbu

....

MOTS NOUVEAUX

Le soir	**Dilolo**
Le matin	**Mudinda**
Midi	**Midi**
La nuit	**Butuku**
A pieds	**Lwa makasa**

En voiture	**Ni mashini**
En avion	**Ni ndeka wa mulu**
Cœur	**Moyi**
Salutation	**Moyi**
Je te salue	**Ndi kwela moyi**
Salut	**Moyi**
Salut à toi	**Moyi weba**
Prier	**Kulomba Nzambi**
Prière	**Disambila**
Eglise	**Nzumbu wa Nzambi**
Faire	**Kuenza**
Faire du bruit	**Kuenzamutoyi**
Beaucoup de bruit	**Mutoyi wa bunyi**
Boire	**Kunwa**
Eau	**Mayi**
Eau froide	**Mayi matalala**
Eau chaude	**Mayi amudilu**
Se laver	**Kowa**
S'habiller	**Kovuala**
Cirer	**Kukupula**
Il faut....	**Udi ni tsha...**

Il faut bien cirer les souliers

Udi ni tsha kukupula bisabata bimpa

Il faut bien cirer tes souliers

Udi ni tsha kukupula bisabata bieba bimpa

Tes souliers sont jolis

Bisabata bieba bidi bimpa	
Tes souliers sont très jolis	
Bisabata bieba bidi bimpa bee	
Le soulier	**Tshisabata**
Les souliers	**Bisabata**
Piler	**Kutwa**
Piler c'est se laisser de la place	
Kutwa, kushilangana minshi (*expression luba*)	
Piler les feuilles de manioc	
Kutwa kaleji	
Maman est train de piler les feuilles de manioc	
Mamu udi utwa kaleji	
Maman pile les feuilles de manioc chaque jour	
Mamu utu utwa kaleji matuku onso	
Maïs	**Matala**
Foufou de manioc	**Bidia bia tshomba**
Foufou de maïs	**Bidia bia matala**
J'aime le foufou de maïs	
Ntu munanga bidia bia matala	
Tu aimes aussi le foufou	
Ntu munanga banyi bidia	
Maman aime beaucoup les petits enfants	
Mamu munanga bee bana bateketa	
Papa n'aime pas du bruit	
Tatu katumunanga mutoyi too	
Aime ton ami	**Unanga mulunda weba**

IMPERATIF, PASSE GLOBAL & FUTUR

IMPERATIF (FORME AFFIRMATIVE)	
ETRE	**KWIKALA**
Sois	**Ikala**
Soyons	**Twikala**
Soyez	**Nwikala**
Sois sage	**Ikala mumanyi**
Sois intelligent	**Ikala mwena menji**
AVOIR	**KWIKALA NI**
Aie	**Ikala ni**
Ayons	**Twikala ni**
Ayez	**Nwikala ni**
Aie de la sagesse	**Ikala ni bumanyi**
Aie de l'intelligence	**Ikala ni menji**
MANGER	**KU DIA**
Mange	**Diaku**
Mangeons	**Tudia**
Mangez	**Nudia**
Mange du foufou	**Diaku bidia**
Mangeons ensemble	**Tudia bonso**
DONNER	**KU PESHA**
Donne	**Pesha**
Donnons	**Tupesha**
Donnez	**Nupesha**
Donne-lui de l'eau	**Mu pesha mayi**

FAIRE	**KU ENZA**
Fais	**Enza**
Faisons	**Tuenza**
Faites	**Nuenza**
Fais vite	**Enza lukasa**
Vite, vite !	**Lukasa, lukasa !**
S'i lte plaît, fais ce travail vite	
Enza koko mudimu ewu lukasa	
VENIR	**KU LWA**
Viens	**Lwaku**
Venons	**Tulwa**
Venez	**Nulwa**
Venez me voir ce soir avec les enfants	
Nulwa kumona mema mu dilolo ni bana	
Nous viendrons avec les enfants	
Ni tulwa ni bana	
Venez avec tous les enfants	
Nulwa ni bana bonso	
Je veux voir tous les enfants	
Ndi ni diswa dia kumona bana bonso	
Je veux manger du pain maintenant	
Ndi ni diswa dia kudia diampa	
Je souhaite manger le pain (je désire...)	
Ndi muswa kudia diampa	
Je dois manger du poisson	
Ndi ni tsha kudia mishipa	

Je peux voir les enfants	
Ndi mwa kumona bana	
Vouloir	**Kwikala ni diswa dia**
Devoir	**Kwikala ni tsha**
Pouvoir	**Kwikala mwa**
Traduire en Tshiluba	
Elle veut manger du pain maintenant	
……………………………………………………………	
Nous voulons partir	
……………………………………………………………	
Il faut manger un peu de poisson	
……………………………………………………………	
Ils doivent venir ce soir avec les enfants	
……………………………………………………………	
Tu dois venir à la maison demain	
……………………………………………………………	
Je peux venir avec les enfants et ma femme	
……………………………………………………………	
Nous pouvons venir ensemble	
……………………………………………………………	

Les verbes devoir, vouloir et pouvoir ne se conjuguent pas à l'impératif dans la plus part des cas en Tshiluba.

IMPERATIF (FORME NEGATIVE)	
ETRE	**KWIKALA**
Ne sois pas	**Kwikadi too**
Ne soyons pas	**Katwi kadi too**
Ne soyez pas	**Kanwi kadi too**
Ne sois pas idiot	**Kwikadi soba too**
Ne sois pas voleur	**Kwikadi mwivi too**
AVOIR	**KWIKALA NI**
N'aies pas	**Kwikadi ni...too**
N'ayons pas	**Katwikadi ni...too**
N'ayez pas	**Kanwikadi ni...too**
N'aies pas peur	
Kwikadi ni bowa too	
N'aies pas beaucoup de mauvais amis	
Kwikadi na balunda babi babunyi	
Ne soyons pas pressés	
Katwikadi batu ba lukasa-lukasa too	
MANGER	**KU DIA**
Ne mange pas	**Kudi... too**
Ne mangeons pas	**Katudi...too**
Ne mangez pas	**Kanudi...too**
Ne mange pas du foufou seul	
Kudi **bidia wewa kayeba too**	
Attends les autres	
Injila batu batu bakwabu	
J'ai compris	**Ndi muvua**

DONNER	KU PESHA
Ne donne pas	**Kupeshi...too**
Ne donnons pas	**Katupeshi...too**
Ne donnez pas	**Kanupeshi...too**
Ne lui donne pas de l'eau	
Kumupeshi mayi too	
FAIRE	KU ENZA
Ne fais pas	**Kuenji too**
Ne faisons pas	**Katuenji too**
Ne faites pas	**Kanuenji too**
Ne fais pas le travail doucement	
Kuenji mudimu bitulu-bitulu	
Ne faisons pas du bruit	
Katuenji mtuyi too	
S'il te plaît, ne faites pas cela comme ça	
Ndi nusengelela, kanuenji bwaluabu nanku	
VENIR	KU LWA
Ne viens pas	**Kulu...too**
Ne venons pas	**Katulu...too**
Ne venez pas	**Kanulu...too**
Ne venez pas me voir ce soir avec les enfants	
Kanulu kumona mema mu dilolo ni bana	
Nous ne viendrons pas avec les enfants	
Katwakulwa ni bana too	
Ne venez pas avec tous les enfants	
Kanulwa ni bana bonso	

Je ne veux pas voir tous les enfants	
Tshena ni diswa dia kumona bana bonso too	
Je ne veux pas manger du pain maintenant	
Tshena ni diswa dia kudia diampa pindjewu too	
Je ne souhaite pas manger le pain (je désire…)	
Tshena muswa kudia diampa too	
Je ne dois pas manger du poisson	
Tshena ni tsha kudia mishipa too	
Je ne peux pas voir les enfants	
Tshena mwa kumona bana too	
Vouloir	**Kwikala ni diswa dia**
Devoir	**Kwikala ni tsha**
Pouvoir	**Kwikala mwa**

Traduire en Tshiluba

Elle veut manger du pain maintenant
……………………………………………………………
Nous voulons partir
……………………………………………………………
Il faut manger un peu de poisson
……………………………………………………………
Ils doivent venir ce soir avec les enfants
……………………………………………………………
Tu dois venir à la maison demain
……………………………………………………………
Je peux venir avec les enfants et ma femme
……………………………………………………………

Nous pouvons venir ensemble	
....	
Nous ne pouvons pas venir ensemble	
....	
Elle ne veut pas manger du pain maintenant	
....	
Ne viens pas me voir le soir	
....	
Ne donnons pas du pain au chien	
....	
Ne soyons pas malades	
....	
Ayez du courage	
....	
N'ayons pas peur de la pluie	
....	
Il ne faut pas venir seul	
....	
Il faut venir avec tous les enfants	
....	
Tous les enfants	**Bana bonso**
Seul	**Wewa kayeba**
Pluie	**Nvula**
Il pleut	**Nvula udi uloka**
Nous sommes dans la saison sèche	
Tudi mu mushipu	

FUTUR SIMPLE-AFFIRMATION

ETRE	KWIKALA
Je serai	**Ni** ngikala
Tu seras	**Ni** wikala
Il sera	**Ni** ikala
Nous serons	**Ni** twikala
Vous serez	**Ni** nwikala
Ils seront	**Ni** bikala

Elle sera heureuse un jour

Ni ikala mutu wa disanka dituku dimwa

AVOIR	KWIKALA NI
J'aurai	**Ni** ikala ni
Tu auras	**Ni** wikala ni
Il aura	**Ni** ikala ni
Nous aurons	**Ni** twikala ni
Vous aurez	**Ni** nwikala ni
Ils auront	**Ni** bikala ni

Ils auront une nouvelle maison un jour

Ni bikala ni nzumbu wa pindjewu dituku dimwa

FAIRE	KUENZA
Je ferai	**Ni** ngenza
Tu feras	**Ni** wenza
Il fera	**Ni** enza
Nous ferons	**Ni** tuenza
Vous ferez	**Ni** nuenza

Ils feront	**Ni benza**
Je ferai le travail demain matin	
Ni ngenza mudimu malaba mu dinda	
FUTUR-NEGATION	
ETRE	**KWIKALA**
Je ne serai pas	**Tsha kwikala…too**
Tu ne seras pas	**Kwa kwikala…too**
Il ne sera pas	**Ka kwikala…too**
Nous ne serons pas	**Ka twakwikala…too**
Vous ne serez pas	**Ka nwakwikala…too**
Ils ne seront pas	**Ka bakwikala…too**
Elle ne sera pas au Canada le mois prochain	
Ka kwikala mu Kanada ngondu ulwalwa too	
AVOIR	**KWIKALA NI**
Je n'aurai pas	**Tsha kwikala ni…too**
Tu n'auras pas	**Kwa kwikala ni…too**
Il n'aura pas	**Ka kwikala ni…too**
Nous n'aurons pas	**Ka twakwikala ni…too**
Vous n'aurez pas	**Ka nwakwikala ni…too**
Ils n'auront pas	**Ka bakwikala ni…too**
Vous n'aurez pas beaucoup de temps demain	
Ka nwakwikala ni diba dia bunyi malaba too	
FAIRE	**KUENZA**
Je ne ferai pas	**Tsha kuenza…too**
Tu ne feras pas	**Kwa kuenza…too**
Il ne fera pas	**Ka kuenza…too**

Nous ne ferons pas	**Ka twakuenza...too**
Vous ne ferez pas	**Ka nwakwenza...too**
Ils ne feront pas	**Ka bakuenza...to0**

Je ne ferai pas ce travail demain
Tsha kuenza mudimu awu malaba too
Elles ne feront pas la prièrent avec les enfants
Ka bakunza disambila ni bana too
Traduire en Tshiluba
Je serai en ville demain matin
....
Tu n'auras pas de pain ce soir
....
Nous finirons le travail la nuit
....
Vous mangerez le foufou avec les feuilles de manioc
....
....
Nous ferons le travail avec papa et maman
....
Les enfants ne viendront pas à l'école aujourd'hui
....
Tu seras un grand homme un jour
....
Le Congo sera grand un jour
....

EXERCICES DE RECAPITULATION

Mettre au présent continu
Ntu ya ku kalasa lwa makasa
....
Tutu tudia bidia misangu ibidi
....
Batu batwa ndundu matuku onso
....
Nutu nulomba Nzambi matuku onso
....
Bana babtu banaya kunyima kwa nzumbu
....
Mettre les même phrases au futur simple
....
....
....
....
....
Mettre les mêmes phrases au passé global
....
....
....
....
....

TRADUCTION DE « IL Y A »
Il y a deux livres sur la table
Tudi ni mikanda ibidi pa mesa
Il y a un chien dans le jardin
Tudi ni bwa mu budimi
Il y a une nouvelle voiture chez nous
Tudi ni mashi mapwamuka kwetu
TRADUCTION DE « VOICI »
Voici ma maison
Etshi nzumbu wanyi
Voici mes amis
Aba balunda banyi
Voici mes livres
Ebi mikanda yanyi
TRADUCTION DE « VOILA »
Voilà ma maison
Tshasha nzumbu wanyi
Voilà mes amis
Baba balunda banyi
Voilà mes livres
Biabia mikanda yanyi
Voici mon problème
Etshi bwalu bwanyi
Voilà ton intelligence
Tshatsha menji eba
Voici mon programme

Etshi dilongolola diani	
L'HEURE/ DIBA	
Quelle heure est-il ?	**Tudi diba kayi ?**
Il est 7 heures	
Tudi diba mwanda muteketa dia mudinda	
7 h 03 : **Diba mwanda muteketa ni bitupa bisatu**	
7 h10 : **Diba mwanda muteketa ni bitupa dikumi**	
7 h15 : **Diba mwanda muteketa ni bitupa dikumi ni bitanu**	
7 h 33 : **Diba mwanda muteketa ni bitupa makumi asatu ni asatu**	
7 h 56 : **Bitupa binayi kumpala kwa diba mwanda mukulu**	
19 h 10 : **Diba mwanda muteketa ni bitupa dikumi dia dilolo**	
AGE/ BIDIMU BIA KULEDIBWA	
Quel âge as-tu ?	
Udi ni bidimi bunyi kayi ?	
J'ai 58 ans	
Ndi ni bidimu makumi a tanu ni mwanda mukulu	
Tu es encore un jeune homme	
Utshidi songaluma	
Tu es encore une jeune femme	

Utshidi songakaji	
Un enfant de 58 ans !	
Mwana unmwa wa bidimi makumi atanu ni mwanda mukulu !	
Tu as encore beaucoup de force	
Utshidi ni bukola bwabunyi	
Tu peux faire beaucoup de choses	
Udi ni bukokeshi bwa keuenza malu a bunyi	
Udi mwa kuenza malu a bunyi	
On est en train de vieillir lentement	
Tudi tukulakaja bikesa-bikesa	

PASSE COMPOSE OU PASSE RECENT

VIEILLIR	**KU KULAKAJA**
J'ai vieilli	**Nga kulakaji**
Tu as vieilli	**Wa kulakaji**
Il a vieilli	**Wa kulakaji**
Nous avons vieilli	**Twa kulakaji**
Vous avez vieilli	**Nua kulakaji**
Ils ont vieilli	**Ba kulakaji**

PASSE GLOBAL OU PASSE SIMPLE

VIEILLIR	**KU KULAKAJA**
Je vieillis	**Vua mukulakaja**
Tu vieillis	**Uvua mukulakaja**
Il vieillit	**Uvua mukulakaja**
Nous vieillîmes	**Tuvua bakulakaja**
Vous vieillîtes	**Nuvua bakulakaja**

Ils vieillirent	**Bavua bakulakaja**
Papa a beaucoup vieilli	
Tatu wakulaji bee	
Maman est encore jeune	
Mamu utshidi songakaji	
Tu vieillis depuis longtemps	
Uvua mukulakaja kukadi tshikondu tshile	
PASSE COMPOSE OU PASSE RECENT	
ETRE	**KWIKALA**
J'ai été	**Nga kwikala**
Tu as été	**Wa kwikala**
Il a été	**Wa kwikala**
Nous avons été	**Twa kwikala**
Vous avez été	**Nua kwikala**
Ils ont été	**Ba kwikala**
PASSE GLOBAL OU PASSE SIMPLE	
ETRE	**KWIKALA**
Je fus	**Vua (mwikala)**
Tu fus	**Uvua (mwikala)**
Il fut	**Uvua (mwikala)**
Nous fûmes	**Tuvua (bikala)**
Vous fûtes	**Nuvua (bikala)**
Ils furent	**Bavua (bikala)**
Nous avons été à Kolwezi avant de venir ici	
Twa kikala ku Kolwezi kumpala kwa kulwa apa	

Vous fûtes très gentils avec moi	
Nuvua bena lutulu lua bunyi nanyi	
Nuvua bikala bena lutulu lua bunyi nanyi	
Nous fûmes très contents de vous	
Tuvua bena disanka dinena bwenu	
Tuvua bikala bena disanka dinena bwenu	
PASSE COMPOSE OU PASSE RECENT	
AVOIR	**KWIKALA NI**
J'ai eu	**Nga kwikala ni**
Tu as eu	**Wa kwikala ni**
Il a eu	**Wa kwikala ni**
Nous avons eu	**Twa kwikala ni**
Vous avez eu	**Nua kwikala ni**
Ils ont eu	**Ba kwikala ni**
PASSE GLOBAL OU PASSE SIMPLE	
AVOIR	**KWIKALA NI**
J'eus	**Vua (mwikala) ni**
Tu eus	**Uvua (mwikala) ni**
Il eut	**Uvua (mwikala) ni**
Nous eûmes	**Tuvua (bikala) ni**
Vous eûtes	**Nuvua (bikala) ni**
Ils eurent	**Bavua (bikala) ni**
J'ai eu une belle voiture à Kinshasa	
Nga kwikala ni mashini mu Kinshasa	
Nous eûmes beaucoup d'argent	
Tuvua ni makuta abunyi	

Tuvua bikala ni makuta a bunyi	
PASSE COMPOSE OU PASSE RECENT	
MANGER	**KU DIA**
J'ai mangé	**Nga kadia**
Tu as mangé	**Wa kadia**
Il a mangé	**Wa kadia**
Nous mangé	**Twa kadia**
Vous avez mangé	**Nua kadia**
Ils ont mangé	**Ba kadia**
PASSE GLOBAL OU PASSE SIMPLE	
MANGER	**KU DIA**
Je mangeai	**Vua mudia**
Tu mangeas	**Uvua mudia**
Il mangea	**Uvua mudia**
Nous mangeâmes	**Tuvua badia**
Vous mangeâtes	**Nuvua badia**
Ils mangèrent	**Bavua badia**
Le passé global peut même être utilisé à la place du passé composé.	
PASSE GLOBAL OU PASSE SIMPLE	
DORMIR	**KU LALA**
Je dormis	**Vua mulala**
Tu dormis	**Uvua mulala**
Il dormit	**Uvua mulala**
Nous dormîmes	**Tuvua balala**
Vous dormîtes	**Nuvua balala**

Ils dormirent	**Bavua balala**
Je dormis toute la journée la semaine passée	
Vua mulala dituku dijima lubingi lusaha	
Elle mangea tout le foufou	
Uvua mudia bidia bionso	
Elle a mangé tout le foufou	
Wa kadia bidia bionso	
FAIRE	**KU ENZA**
Je fis	**Vua mwenza**
Tu fis	**Uvua mwenza**
Il fit	**Uvua mwenza**
Nous fîmes	**Tuvua benza**
Vous fîtes	**Nuvua benza**
Ils firent	**Bavua benza**
Ils firent très bien le travail	
Bavua benza mudimu bimpa	
FORME NEGATIVE	
PASSE COMPOSE	
La forme négative n'existe presque pas en Tshiluba pour le passé composé en Tshiluba.	
PASSE SIMPLE OU PASSE GLOBAL	
KWIKALA	**KWIKALA NI**
Tshivua…too	**Tshivua ni…too**
Kuvua…too	**Kuvua ni…too**
Kavua…too	**Kavua ni…too**

Katuvua...too	Katuvua ni...too
Kanuvua...too	Kanuvua ni...too
Kabavua...too	Kabavua ni...too
KUENZA	**KUDIA**
Tshivua wenza...too	Tshivua mudia...too
Kuvua mwenza...too	Kuvua mudia...too
Kavua mwenza..too	Kavua mudia...too
Katuvua benza...too	Katuvua badia...too
Kabavua benza...too	Kanuvua badia...too
Katuvua benza...too	Kabavua badia...too

QUELQUES EXPRESSIONS COURANTES

Il fait froid	**Kudi mashila**
Il fait chaud	**Kudi luya**
C'est tard	
Tudi kunyima kwadiba	
Il est trop tard	**Kunyima kwa diba**
Il est trop tôt	**Kumbala kwa diba**
Il pleut	**Nvula udi uloka**
Il souffle du vent	**Kudi lupepela**
Il neige	
Nvula wa mabwa udi uloka	
Il est temps d'aller au lit	
Tudi diba dia kuya kulala	
Il y a un grand soleil	**Kudi munia mukole**
Saison de pluie	**Munvula**

Saison sèche	Mumushipu
Il fait très chaud aujourd'hui	
Lelu, kudi luya lwa bunyi	
J'ai très chaud	
Ndi munvua luwa lwa bunyi	
Ouvre la fenêtre	
Unzulula dididishi	
Ferme la porte de la cuisine	
Kanga tshibi tsha kutshikuku	
Donne-moi de l'eau à boire	
Mpesha mayi a kunwa	
Ne ferme pas la porte de la salle de bain	
Ku kangi tshibi tsha nzumbu wa diowela too	
Ne mangez pas ce poisson, il n'est pas bon	
Anudi mishiba ayi, kayena bimpa	
Ne me dérangez pas avec le bruit	
Ka nutatishi too ni mutiyi	
Je n'aime pas le bruit	
Tshena muswa mutoyi too	
Je n'aime pas les problèmes	
Tshena muswa bilumbu too	
Les enfants pas n'aiment le piment	
Bana kabena bananga dungu too	
=Bana ki bananga dungu too	
Même moi, je n'aime pas le piment	
Nansha mema, tshimuswa dungu too	

Le piment pique dans la bouche
Dungu udi osha mukana
J'aime beaucoup le lait et le riz
Ntu munanga bee mabela ni loso
Viens me voir à l'hôpital
Luaku ku mona ku lupitalu
Je viendrai te voir demain
Ni lua ku ku mona malaba
Je ne viendrai pas demain
Tshena lua malaba too
Pourquoi ?
Bwa tshini ?
Parce que j'ai beaucoup de travail
Bwalu ndi ni mudimu wabunyi
Et plus, je suis seul à la maison
Kabidi, ndi mema kayani kumbelu
Il viendra nous voir
Nalua ku tu mona
Je viendrai vous voir
Ni lua ku nu mona
Je viendrai les voir
Ni lua ku ba mona
Je suis un homme
Ntu muntu muluma
Je ne suis pas une femme
Tshena muntu mukaji

Ma mère est une bonne personne
Mamu utu munto mwimpa
Elle est une très bonne personne
Utu muntu mwimpa bee
Nous nous entendons très bien
Tutu tunvuangana bimpa bee
Je m'entends aussi avec mon père
Ntu ngunvuangana kabidi ni tatu wanyi
Il a un grand cœur
Udi ni moyi monena
Il est encore fort et il travaille beaucoup
Ushidi ni bukola, kabidi, utu uenza mudimu wabunyi
Il travaille comme un militaire
Utu uenza mudimu buu musalayi
Je commencerai à travailler comme lui
Ni ikala enza mudimu buu yeye
Je serai un grand monsieur
Ni ngi ikala mutu munena
J'étudierai beaucoup
Ni longa kalasa kabunyi
J'aurai une grande maison
Ni ikala ni nzumbu munena
Quand j'étais enfant, j'allais à l'école à pieds
Panvua mwana muteketa vua ya kukalasa lwa makasa

Quand j'étais enfant, j'allais à l'école par bus
Panvua mwana muteketa vua ya kukalasa mu mashini amala
J'avais beaucoup d'amis
Vua ni balunda ba bunyi
Nous allions jouer avec les amis dans les montagnes
Tuvua tuya kunaya ni balunda mu mikuna
As-tu de l'argent pour moi ?
Udi ni makuta bwanyi ?
Oui,…
Eyowah
Non,…
Too…
Il a de bonnes nouvelles pour toi
Udi ni lumu luimba bwebe
Peut-il entrer dans le bureau ?
Udi mwa kubwela mu nzumbu wa mudimu ?
Oui, il peut entrer
Eyowah, udi mwa kubwela
Je peux vous aider un jour
Ndi mwa ku ku twatisha dituku dimwa
Pourquoi pas ?
Bwatshini too ?
Je dois aller voir mon ami
Ndi ni bwa kuya komuna mulunda wanyi

Ndi ni tsha kuya kumona mulunda wanyi
Voici ma maison
Ewu nzumbu wanyi
C'est une grande maison
Udi nzumbu munena
Nous avons quatre chambres à coucher
Tudi ni nzumbu inayi ya bulalu
Une pour les parents
Umwa wa baleji
Une pour les garçons
Umwa wa bana ba baluma
Une pour les filles
Umwa wa bana ba bakaji
Et une pour les visteurs
Ni umwa wa benyi
Nous sommes dans le salon maintenant
Tudi mu nzumbu wa kusombela pindjewu
Nous sommes en train de regarder la télé
Tudi tutangila television
Où est maman ?
Mamu udi kwepi ?
Elle est dans la cuisine
Udi mu tshikukuu
Que fait-elle ?
Udi wenza tshini ?
Elle est en train de préparer du poisson

Udi ulamba mishipa
Où est papa ?
Tatu udi mwaba kayi ?
Tatu udi penyi ?
Il est dans le jardin
Udi mu budimi
Que fait-il ?
Udi wenza tshini ?
Il est juste assis
Musomba bwenda
Il est en train de tuer son temps
Musombe biende anu nanku
Est-il seul ?
Udi yeye kayenda ?
Non, il n'est pas seul
Too, kena yeye kayenda too
Il est avec le chien qui dort en dessus de sa chaise
Udi ni mbwa udi mulala mwinshi mwa kwasa wenda
Ceux qui sont dans la télé parlent des élections
Badi mu television, badi bayikila bwa masungilu
Où est Yansen?
Yansen udi mwaba kayi?
Je ne sais pas
Tshena mumanya too

Ils sont dans la salle à manger
Badi mu nzumbu wa kudjila
Ils mangent du riz au haricot
Badi badia loso ni kunda
Ils aiment beaucoup le haricot
Batu bananga kunda bee
Nous sommes une famille heureuse
Tudi nzumbu wa disanka
Répondre direcetement en Tshiluba
Tatu udi mwaba kayi ?
....
Udi wenza tshini ?
....
Udi yeye kayenda ?
....
Mbwa udi wenza tshini ?
....
Badi ku television badi bayikila bwa tshini?
....
....
Yansen udi mwaba kayi?
....
Jina djeba nganyi?
....
Jina dia tatu weba nganyi?
....

MOTS NOUVEAUX

Coûteau	**Kela**
Cuillière	**Lutu**
Fourchette	**Sona**
Casserole	**Lwesu**
Assiette	**Dilongo**
Bouteille	**Mulangi**
Vase	**Dikopu**
Gobelet	**Dikopu**
Verre	**Tshilawudji**
Tabouret	**Tshibasa**
Cuisinière	**Babula wa zembwa**
Feu	**Kadilu**
Allumette	**Alumeta**
Poche	**Mufuku**
Sac	**Mufuku**
Boîte	**Musheta**
Cadenas	**Tshikuvu**
Clé	**Sapi**
Porte	**Tshibi**
Fenêtre	**Dididishi**
Panier	**Tshitunga**
Couvercle	**Fuvinyiku**
Seau	**Mbegetshi**
Sel	**Lwepu**

Sucre	**Sukadji**
Lait	**balela**
Huile	**Mafuta**
Mortier	**Tshinu**
Pilon	**Mwinshi**
Machette	**Mwela**
Houe	**Lukasu**
Balai	**Lukombo**
Miroir	**Lumwenu**
Feu	**Kapia**
Soleil	**Munia**
Lune	**mwenji**
Etoile	**Ngondu**
Fleur	**Tshilongo**
Arbre	**Mutshi**
Mangue	**Dingeya**
Les mangues	**Mangeya**
Manguier	**Mutshi wa mangeya**
Savon	**Sabanga**
Ceinture	**Mukaba**
Soulier	**Tshisabata**
Les souliers	**Bisabata**
Cravatte	**Kalavanda**
Voiture	**Mashini**
Argent	**Makuta**
Les lunettes	**Maneta**

Brosse à dent	**Mutshi wa menu**
Dentifrice	**Bwanga bwa menu**
Lame de rasoir	**Kapaya**
Tête	**Mutu**
Les cheveux	**Nsuki**
Un œil	**Disu dimwa**
L'œil droit	**Disu dia baluma**
L'œil gauche	**Disu dia bakaji**
Nez	**Djulu**
Oreille	**Ditshi**
Les oreilles	**Matshi**
Bouche	**Mushiku**
Langue	**Ludjimi**
Menton	**Banga**
Cou	**Shingu**
Epaule	**Makaya**
Poitrine	**Tshadji**
Ventre	**Difu**
Hanches	**Tshimonu**
Jambes	**Makolo**
Cuisses	**Bibelu**
Pieds	**Makasa**
Chaise	**Kwasa**
Table	**Mesa**
Torchon	**Tshikolobo**
Montre	**Diba**

Chapeau	**Tshifulu**
Blanc	**Mutoka**
Noir	**Mufika**
Rouge	**Mukunza**
Bleu	**Wa bulé**
Jaune	**Wa jona**
Vert	**Wa mayi a kaleji**
longueur	**Bulepa**
Long	**Mula**
	Mulemula
Largeur	**Bukesa**
Large	**Munzudika**
Court	**Mwipi**
Raccourci	**Wa tshikoso**
En bref	**Mu tshikosu**
Le matin	**Mu dinda**
Midi	**Mu midi**
Après-midi	**Banyima pa midi**
Le soir	**Mu dilolo**
La nuit	**Munda mwa kulu**
Force	**Bukola**
Fort	**Mwena bukola**
Maladie	**Disama**
Malade	**Mubedji**
Intelligence	**menji**
Intelligent	**Mwena menji**

Richesse	**Biuma**
Riche	**Mwena biuma**
Politesse	**Kanemu**
Poli	**Mwena kanemu**
Paresse	**lulengu**
Paresseux	**Mwena lulengu**
Bonté	**kalolo**
Bon	**Mwena kalolo**
	Muntu mwimba
Beauté	**Bulengela**
Beau	**Mulengela**
Respect	**Kanemu**
Respecteux	**Mwena kanemu**
Colère	**Tshiji**
Colérique	**Mwena tshiji**
Puissance	**Makanda**
Puissant	**Tshamakanda**
Fort	**Tshabukola**
Biens	**Bindu**
Propriétaire	**Mwena bintu**
Sentinelle	**Sentedji**
Pasteur	**Mwambi wa Nzambi**
Journaliste	**Kamona-kamba**
Pauvreté	**Bulanda**
Pauvre	**Mulanda**
Paix	**Ditalala**

Sois en paix	**Ikala ni ditalala**
Sois doux	**Ikala ni lutulu**
Sois fort	**Ikala ni bulola**
Que Dieu te bénisse	**Nzambi akubenesha**
Que tu sois prudent	**Ikala ni budimu**
Marche dans la vérité	**Enda mu bulela**
Ne mens pas	**Kudingi too**
Dis la vérité	**Amba tsha bulelela**
Pardonne	**Fwila lusa**
Sois patient	**Ikala ni moyi mula**
Ne te fatigue pas	**Kutshoki too**
Va de l'avant	**Tunguluka**

LES VERBES

Etre	**Kwikala**
Avoir	**Kwikala ni**
Donner	**Kupesha**
Demander	**Kulomba**
Mettre	**Kwela**
Faire	**Kuenza**
Vouloir	**Kwikala ni diswa dia**
Devoir	**Kwikala ni tsha**
Pouvoir	**Kwikala mwa**
Il faut...	**Tudi ni tsha...**
Dormir	**kulala**
Prier	**Kulomba Nzambi**
Se laver	**Kusukula mubidi**
Uriner	**Kusukula**
Préparer	**kulamba**
Travailler	**Kuenza mudimu**
	Kutumika
Parler	**Kwakula**
Dire	**Kwamba**
Raconter	**Kwambila**
Ecouter	**Kuteleja**
Nettoyer	**Kusukula bilamba**
Se reposer	**Kudiolola**
Se gratter	**Kudikwanya**

Regarder	**Kutangila**
Aimer	**Kunanga**
Désirer	**Kuswa**
Pleurer	**Kudjila**
Courir	**Kunyema**
Aller	**Kuya**
Venir	**Kulwa**
Promettre	**Kulaya**
Danser	**Kuja**
Jouer	**Kunaya**
Apprendre	**Kulonga**
Enseigner	**Kulongesha**
Paraître	**Kwikala buu**
Espérer	**Kwelele mengi**
Penser	**Kwela mengi**
Partager	**Kupesha**
Refuser	**Kubenga**
Pardonner	**Kufwila lusa**
Appeler	**Kubikila**
Acheter	**Kusumba**
Vendre	**Kusumbisha**
Promettre	**Kulaya**
Envoyer	**Kumuma**
Faire faire	**Kuenzeja**
Faire pour	**Kuenzela**
Acheter pour	**Kusumbila**

Vendre pour	**Kusumbishila**
Répéter	**Walukila**
S'habiller	**Kufwala bilamba**
Choisir	**Kusungula**
Cacher	**Kusokoka**
Plaider	**Kusamba**
Prier	**Kusambila**
Plaider pour	**Kusambidjila**
Espérer	**Kutekemena**
Pécher	**Kuenza bubi**
Pêcher	**Kuloba**
Prêcher	**Kuyisha**
Amener	**Kutwala**
Suivre	**Kulonda**
Regarder	**Kutangila**
Prendre	**Kwangata**
Remettre	**Kupesha**
Oublier	**Kupwa moyi**
Regretter	**Kugnyigalala**
Montrer	**Kuleja**
Se taire	**Kupowa**
Frabriquer	**Kuenza**
Puisser	**Kusuna**
Tomber malade	**Kubela**
Bavarder	**Kuyikila**
Bavard	**Mwena bulaku**

Sorcier	**Muloji**
Piquer	**Kusuma**
Ensorceler	**Kulowa**
Protéger	**Kukamba**
Laisser	**Kulekela**
Se fatiguer	**Kupungila**
Attraper	**Kukwata**
Conduire	**Kuyisha**
Se réjouir	**Kusanka**
Ecrire	**Kwandjika**
Effacer	**Kukupula**
Conduire	**Kwendesha**
Accomplir	**Kukokesha**
Délaisser	**Kulekelela**
Embellir	**Kulengeja**
Epargner	**Kwelasha**
Penser	**Kwela menji**
Soulever	**Kujula**
S'asseoir	**Kusomba**
Balayer	**Kukomba**
Arranger	**Kulongolola**
Accueillir	**Kwakidjila**
Ouvrir	**Nkuzululala**
Sceller	**Kufunga**
	Kukanga
Interdire	**Kubenga**

Supporter	**Kwikala ni moyi mula**
Désirer	**Kwika ni diswa dia**
Projeter	**Kulongolola bwa**
Reconcilier	**Kunvuangana**
Se lever	**Kujuka**
S'allonger	**Kudiolola**
Casser	**Kukosa**
Coudre	**Kutela**
Repasser	**Kukoma bilamba**

EXERCICES DE CONSOLIDATION

001	Voici ma tante de Lubumbashi
	....
002	Elle s'appelle Chantal
	....
003	Elle est mariée et mère de cinq enfants
	....
004	Son mari est un avocat
	....
005	Où est la grand-mère
	....
006	Elle est aussi à Lubumbashi
	....
007	Il y a un chat dans la cuisine
	....
008	Où sont les enfants ?
	....
009	Ils sont dans le salon avec leurs amis
	....
010	Ils sont en train de regarder la télé
	....
011	Ils regardent la télé tous les jours
	....
012	L'année passée ils étaient en train de regarder la télé

	....
013	Demain ils regarderont la télé dans leur chambre à coucher
	....
	....
014	Bientôt nous allons regarder la télé ensemble.
	....
015	Regardez la télé avec les enfants.
	....
016	Ne regardez pas la télévision quand vous êtes seuls.
	....
	....
017	Ce n'est pas bien ?
	....
018	Que faites-vous.
	....
019	Nous ne faisons rien
	....
020	Nous sommes en train d'aider papa et maman dans le jardin
	....
021	Que fait Déborah ?
	....
022	Elle est en train de faire ses devoirs

	....
023	Il y a un gobet sur la table de la cuisine.
	....
024	Il y a un chat gris en dessous du tabouret.
	....
025	Il y a un peu d'huile de palme dans la bouteille.
	....
	....
026	Il n'y a pas des gens sur la rue.
	....
027	Il n'y a pas beaucoup de vent aujourd'hui.
	....
028	Il y aura des bonnes choses demain.
	....
029	Il y avait un beau film hier à la télé.
	....
030	Peux-tu me donner un peu d'argent.
	....
	....
031	Pouvons-nous aller ensemble ce soir pour Lagos ?
	....
	....
032	C'est important mais ce n'est pas urgent
	....

033	Elle doit aller dormir dans la chambre des enfants aujourd'hui.
	....
	....
034	Nous avons une belle maison à Gombe.
	....
035	Ils auront beaucoup d'amis un jour.
	....
036	Nous ne voulons pas partie avec les enfants.
	....
037	The chemin est trop long.
	....
038	Trouvez une autre solution pour les enfants.
	....
039	Qu'ils restent avec la grand-mère de Lubumbashi.
	....
040	Elle n'est plus à Lubumbashi.
	....
041	Elle est maintenant à Kolwezi.
	....
042	Elle pouvait rester à Lubumbashi.
	....
043	Mais elle ne devait pas rester seule.

	....
044	Il faut l'appeler pour qu'elle revienne.
	....
045	Je n'ai pas son numéro de téléphone.
	....
046	Il faut demander à John.
	....
047	Donne-moi son numéro.
	....
048	Le voici.
	....
049	Merci beaucoup.
	....
050	Il n'y a pas de quoi.
	....
051	Je n'ai pas de livres pour toi.
	....
052	Elle avait des mangues pour les enfants.
	....
053	As-tu des fruits pour nous ?
	....
054	Non, je n'en ai pas pour vous.
	....
055	C'est juste pour les enfants.
	....
056	Prenez un peu d'oranges.

	....
057	C'est très bon pour la santé.
	....
058	Que mangerez-vous ?
	....
059	Que regardez-vous ?
	....
060	Rien du tout.
	....
061	Maman a préparé du manioc hier.
	....
062	Elle n'a pas préparé du maïs.
	....
063	Avez-vous vu les gens qui vous cherchaient ?
	....
064	Non, nous ne les avons pas vus
	....
065	Ils sont partis où ?
	....
066	Ils sont partis au marché.
	....
067	Ils reviendraient peut-être par ici un jour.
	....
068	Je l'espère.
	....

069	Elle un problème avec ses dents
	....
070	Il faut aller voir le dentiste.
	....
071	Nous devons dormir avant 21 h 30.
	....
072	Pourquoi devons-nous dormir avant cette heure-là ?
	....
073	Parce que demain c'est dimanche.
	....
074	Comment vont les enfants ?
	....
075	Ils vont très bien.
	....
076	Quand vont-ils partir à Lubumbashi ?
	....
077	Dans deux mois.
	....
078	Il fait très froid aujourd'hui.
	....
079	Fais pour moi un peu de café avec un peu de sucre et de lait.
	....
080	Je ne prends pas beaucoup de café.
	....

081	Tu as raison, le café détruit le corps humain.
	....
082	Il attaque le cœur et les poumons.
	....
083	Alors je fais commencer à prendre beaucoup de lait.
	....
084	Il faut aussi beaucoup vous reposer.
	....
085	Vous avez pris de l'âge.
	....
086	Je suis encore jeune.
	....
087	Dépêche-toi.
	....
088	Nous serons en retard.
	....
089	Il faut prendre un taxi.
	....
090	Où se trouve l'église la plus proche ?
	....
091	Demandons à ce papa-là.
	....
092	Il va surement nous indiquer le chemin à suivre.

	....	
093	Il faut le remercier pour cela.	
	....	
094	C'est gentil de ta part.	
	....	
095	Allons-y.	
	....	
096	Je déteste être en retard.	
	....	
097	Ce n'est sérieux pas d'être en retard.	
	....	
098	Merci d'être venu.	
	....	
099	Revenez nous voir plus tard.	
	....	
100	Je le ferai avec plaisir.	
	....	

CONCLUSION

Ce premier livre pour l'apprentissage de la langue Tshiluba va vous permettre de parler et d'écrire cette langue comme un enfant qui reste toujours à côté d'une bonne mère.

C'est ainsi qu'il serait plus avisé et plus circonspect de poser des questions à des amis qui parlent déjà cette langue qui est l'une des quatre dialectes véhiculaires de la République Démocratique du Congo.

On ne parle qu'en parlant et en cette matière la curiosité est plus un gain, un dividende et un agio positif.

Comme je vous susmentionné dans l'introduction, un jour j'étais comme vous et un jour vous serez aussi comme moi.

L'Auteur

TABLE DES MATIERES

Printed by Books on Demand GmbH, Norderstedt / Germany